AF313491

FIN DU PROCÈS

DES

DEUX GENDRES,

OU

HISTOIRE PHILOSOPHIQUE ET MORALE

DE

L'EXHUMATION ET DE L'APOTHÉOSE

DE CONAXA.

PAR M. H. HOFFMAN.

Est miserorum, ut malevolentes sint, atque invideant bonis.
PLAUTE.

A PARIS,

CHEZ BARBA, LIBRAIRE, AU PALAIS-ROYAL,
derrière le Théâtre-Français, n° 51.

DE L'IMPRIMERIE DE MAME.
1812.

FIN DU PROCÈS

DES

DEUX GENDRES.

CETTE histoire a deux parties distinctes : l'une ridicule et l'autre odieuse. Conformément à l'usage du théâtre, je devrois commencer par le *drame*, et finir par la *petite pièce* ; malheureusement l'ordre des faits s'y oppose : dans cette farce, les bouffonneries ont précédé les malices, et l'on a vu paroître les Arlequins avant les Matamors. D'ailleurs, le ridicule même de l'histoire éclairera la discussion, et l'abrégera considérablement. Cette marche, je l'avoue, ne satisfait pas l'avide curiosité du lecteur : il voudroit apprendre, dès les premières lignes, si l'auteur des *deux Gendres* a volé Conaxa avant de le tuer ; s'il a furtivement copié le manuscrit de la bibliothèque impériale, si.... si.... Mais je connois trop bien mon Aristote pour laisser ainsi prévoir mon dénouement. Je n'imiterai pas le bonhomme Phronime et l'honnête Conaxa, qui font naïvement au public la confidence de leurs projets ; et comme, dans les *deux Gendres*, l'action ne finit qu'avec la pièce, je ne placerai le mot de l'énigme qu'à la fin de mon récit.

J'aurai souvent occasion de parler du public et des auteurs. Il y a bien des sortes de public ; il y a des auteurs bien différens. On donne le nom de public aux honnêtes gens rassemblés dans une salle de spectacle ; on appelle aussi public les hommes sans goût et sans éducation, quand ils sont en grand nombre. Sous le nom d'auteurs, on comprend également ceux qui honorent la littérature et ceux qui la déshonorent. Si, dans chaque phrase, j'étois obligé d'établir cette différence, je serois sans cesse arrêté dans ma marche ; je fais donc, une fois pour toutes, cette distinction, que les personnes honnêtes trouveront fort inutile ; mais j'écris au public, contre un *public* avec lequel je ne saurois prendre trop de précautions.

RÉCIT.

Depuis plusieurs années le calme et l'ordre étoient rétablis dans l'empire français ; les Muses n'étoient plus assises sur des ruines, les gens de lettres n'étoient plus condamnés à vanter la barbarie, la décence étoit rentrée au théâtre, et le bon goût tâchoit de s'y faire reconnoître. Quelques auteurs nous rappeloient aux vrais principes, et répondoient par des ouvrages estimables aux déclamatious des journaux sur la décadence de notre littérature. Parmi eux, l'on distinguoit celui chez qui la gaîté française paroît s'être réfugiée pendant l'orage révolutionnaire ; semblable aux fées de nos anciens fabliaux, elle le paya de l'asile qu'elle avoit reçu, en répandant ses dons sur tous les ouvrages qu'il a donnés au théâtre. Des tableaux vrais, des caractères bien saisis, des scènes pleines de comique et de naturel, des traits que Molière n'eût point dédaignés, sont ses titres à un genre de gloire que personne ne lui conteste : je ne le nomme point; et ses rivaux, en le devinant, feront eux-mêmes son éloge.

Peu d'auteurs, à la vérité, marchoient comme lui dans la bonne route; la foule s'étoit dévouée au mauvais goût et au mauvais genre, où il est plus facile d'obtenir des succès, qui durent peu sans doute, mais qui éblouissent un moment par un faux éclat. Le théâtre attendoit depuis long-temps une comédie de mœurs, où *l'action*, les *caractères*, le *style* fussent également recommandables; qui pût relever l'antique réputation, et rappeler les beaux jours de la scène française.

Les *deux Gendres* parurent; les juges les plus sévères y virent une bonne comédie : l'action, disoient-ils, y pique la curiosité, les caractères y fixent l'attention, et le style y satisfait l'esprit et le goût des spectateurs. Ce que je dis ici des *deux Gendres* paroîtra bien froid, bien peu proportionné au talent qui brille dans l'ouvrage; on verra que les ennemis de l'auteur en ont fait un plus bel éloge; mais je ne veux pas enlever à la haine le mérite de savoir mieux louer que l'amitié.

Dès que le succès de la pièce fut proclamé, la médiocrité jeta des cris de rage; l'envie, la haine, l'intrigue sonnèrent le tocsin contre l'auteur; la nullité s'unit à elles pour être une fois quelque chose. On vit accourir de toutes parts les petits talens à grande prétention, les manœuvres qui se disent ouvriers, les artisans que l'on nomme artistes, et les écrivains des charniers qui ont pris le titre d'hommes de lettres. La foule étoit immense. On y remarquoit ces professeurs qui ont voulu affranchir le théâtre des règles du goût et de la bienséance, ces faiseurs de poétique *ad libitum*, et ceux qui font hurler le mélodrame, et les aiguiseurs de pointes, et les metteurs en œuvre, et les parfumeurs du Parnasse, et les enfans de Tabarin, et le Dervière du Théâtre Français, qui a rendu Thalie philantrope, et ce monsieur si aimable, qui embrasse tout le monde, et cet homme si franc, qui se vante sans cesse, parce qu'il ne sait pas déguiser la vérité.... Quelle cohue, bon Dieu ! Et qu'on dise maintenant qu'il n'y a plus d'auteurs en France !

Que n'ai-je le talent d'un Salluste pour tracer les détails de cette grande conjuration ! ou plutôt que n'ai-je l'art d'employer les formes dramatiques pour en peindre tout le ridicule ! Ne dites plus cependant que les auteurs sont ennemis l'un de l'autre, qu'ils se haïssent, qu'ils se déchirent impitoyablement et se querellent sans cesse : voyez la belle réunion des ennemis des *deux Gendres* ; quel accord il règne entre eux ! quelle harmonie ! quelle douce fraternité ! on croiroit voir une assemblée de famille.

Le nouvel Héraclite se lève : Messieurs, dit-il, vous connoissez ma sensibilité expansive ; jugez de ce que je souffre depuis quelques jours. Cet auteur que j'ai connu aussi pauvre que la plupart d'entre vous, arrive en un moment à la gloire et à la fortune, et nous laisse bien loin derrière lui dans l'opinion publique, nous qui daignions à peine autrefois le regarder comme notre égal. Je sais, vous savez, nous savons tous ce qu'il en coûte pour obtenir un honnête succès, et le jeune homme l'enlève avec une facilité qui me révolte. N'est-il pas de notre devoir d'éclairer le public sur ce triomphe du mauvais goût ? Oui, oui, s'écrient les illustres confrères ; déchirons la pièce, déchirons l'auteur, perdons-les l'une et l'autre ensemble. Philétas prend la parole : Messieurs, l'auteur des *deux Gendres* m'a rendu des services ; je ne suis point ingrat. L'honneur me défend de dire du mal de lui; mais je le déteste pour prouver mon impartialité.

Après ce noble préambule, la comédie des *deux Gendres* est examinée avec la justice et la sagacité que l'on peut attendre de pareils juges: Celui-ci prétend qu'elle est une copie des Fils ingrats de Piron ; celui-là fait observer qu'elle est bien inférieure. Quelle sottise, ajoute-t-il, d'avoir substitué des gendres à des fils ! un père a-t-il le droit d'exiger de ses gendres le respect et la'reconnoissance que lui doivent ses enfans? Est-ce un gendre que Molière oppose à son Avare? Est-ce un beau-père qui fait rougir le Glorieux de Destouches? et le style ? quel mauvais goût ! quelle platitude !

C'est à qui citera quelques vers de cette malheureuse pièce ; celui-ci éprouve d'abord la censure générale :

Dans le calendrier , lisez-vous quelquefois ?

Quelle misérable affectation , s'écrient les Aristarques, de mettre cette périphrase dans la bouche d'un valet pour désigner un quantième! et cet autre :

Morbleu ! si les duels n'étoient pas défendus !

Quelle plate fanfaronnade ! pour exprimer qu'un homme refuse de se battre, on dit proverbia-

lement qu'il a toujours dans sa poche l'ordon-
nance contre les duels. D'ailleurs ce vers se trouve
déjà dans quelques comédies, et doit-on répéter
un proverbe des carrefours sur le premier théâtre
de l'Europe ? Et le vers bourgeois :

Vous trouverez bon feu, bon lit et bonne table.

Quel mauvais ton ! un homme comme il faut
va-t-il parler de ses *bons lits ?* cela ne se suppose-
t-il pas ? et puis, écrit-on une comédie en vers
pour y placer des phrases qui appartiennent à tout
le monde ? Il faut convenir, disent les plus mo-
dérés, que toute la pièce n'est pas de ce style,
il y a même de beaux vers ; mais où n'en trouve-
t-on point ? Nous en faisons tous les jours, et
ce n'est pas notre faute si le public ne s'en aper-
çoit pas.

Tel fut le jugement que ces messieurs pro-
noncèrent sur cette comédie dans les premiers
jours de son succès ; et ces apôtres du bon goût
se répandirent dans la capitale, pour y semer
leurs observations critiques sur les nombreux défauts de l'ouvrage.

Tous leurs efforts furent inutiles. Les *deux
Gendres* poursuivoient leur carrière au bruit
des acclamations publiques ; il sembloit que le
mérite de la pièce s'accrût avec le nombre des
représentations ; les interruptions même, cette

épreuve si fatale aux ouvrages médiocres, firent sentir la supériorité de celui-ci ; les spectateurs qui le voyoient reparoître y trouvoient tous les charmes de la nouveauté ; trois éditions écoulées rapidement ne laissoient plus de doute sur son mérite littéraire, et l'Institut, cédant au désir du public, ouvrit ses portés à l'auteur de cette belle comédie.

Dans cette exposition nécessaire j'ai un peu éprouvé la patience du lecteur ; mais nous touchons au nœud du drame, et j'espère qu'il va devenir intéresssant.

Jusqu'ici M. Etienne n'avoit goûté que les douceurs du métier ; tout lui sourioit, tout lui réussissoit au-delà de ses espérances ; on ne pouvoit pas même lui reprocher son influence sur le journal de l'Empire ; il y avoit été traité plus sévèrement que dans tous les autres ; on n'osoit plus lui opposer les *Fils ingrats* de Piron depuis qu'on les avoit lus ; l'envie étoit réduite à se taire, mais elle ne sommeilloit pas ; les conjurés avoient suspendu leurs séances, mais ils n'étoient point désunis ; ils secouoient la poussière des bibliothèques, ils compulsoient les vieux manuscrits, ils lisoient, ils étudioient avec un zèle admirable ; plusieurs d'entre eux ont dû à la haine quelque peu d'érudition.

Tout à coup un bruit se répand : « On a découvert un manuscrit, il a plus d'un siècle; les *deux Gendres* y sont tout entiers, la pièce est d'un jésuite; Etienne est un plagiaire; sujet, plan, situation, il s'est tout approprié. Il a copié deux cents vers, dit l'un; huit cents, répond un autre; il a tout pris, ajoute un troisième. Quelle découverte! quel événement! quelle rumeur dans la capitale! Tout s'émeut, tout s'agite; on murmure dans les coulisses, on déclame dans les coteries, on criaille dans les cafés. La renommée porte cette nouvelle dans toute la France, en Europe, en Asie; l'exilé apprend en Sibérie qu'un jésuite a fait les *deux Gendres*, les Anglais même oublient un moment la crise de leur commerce pour s'entretenir du fameux manuscrit, et deux vaisseaux qui se rencontrent dans l'immense océan se hèlent et se crient : la pièce est d'un jésuite.

M. Etienne n'a pas été le dernier à publier cette découverte. Il annonce dans les journaux que la pièce exhumée se nomme *Onaxa*, et il exprime le vœu qu'elle soit bientôt connue de tout le monde, afin qu'on puisse juger de sa prétendue conformité avec la comédie des *deux Gendres*.

Cette lettre produisit le plus mauvais effet. Dès ce moment l'opinion publique se déclara violemment contre M. Etienne. On avoit fait circuler de fausses copies des scènes de *Conaxa*, on y voyoit de longues suites de vers attribués au jésuite, et

qui se trouvent dans les *deux Gendres*; il paroissoit impossible que M. Etienne n'eût pas connu le
manuscrit de la bibliothèque; le nom d'*Onaxa* au
lieu de *Conaxa* ressembloit à une ruse un peu
grossière; on croyoit au plagiat, et dans la lettre
du journal on crut voir de l'imposture; ce soupçon
étoit si naturel, il étoit fondé sur de telles apparences que les amis mêmes de M. Etienne ne le
dissimulèrent point. Je l'avouerai sans détour, je
partageai l'opinion générale, et quoique bien as-
suré que l'on avoit considérablement exagéré les
torts de l'auteur, je ne doutai pas un moment
qu'il n'eût consulté le manuscrit de *Conaxa* pour
composer les *deux Gendres*.

L'explication que M. Etienne donna dans la
préface de sa quatrième édition ne détruisit pas
les préventions défavorables; vainement citoit-il
plusieurs pièces faites sur le même sujet, vainement parle-t-il d'un *projet de canevas* (je souligne ces mots à dessein), plus vainement encore il rapporte en entier l'histoire d'où sont tirées
toutes ces comédies; on s'irrite de son obstination
à nier ce qui paroît évident; huit vers qui sont
à-peu-près les mêmes dans les deux ouvrages
semblent déposer contre sa mauvaise foi, ou sa
fausse honte, et quand il auroit déclaré qu'il s'est
aidé de vingt manuscrits autres que celui de
Conaxa, le public n'eût point été satisfait; on

vouloit le forcer à faire l'aveu formel qu'il avoit pris le sujet et huit vers des *deux Gendres* dans le manuscrit de la bibliothèque impériale et dans la comédie de *Conaxa*. On verra bientôt que cet aveu eût été un mensonge; mais avant de faire paroître le grand personnage qui doit dénouer cette intrigue, occupons-nous un peu de la joie de nos conjurés qui viennent de faire cette heureuse trouvaille.

Non, la découverte d'un nouveau monde ne produisit pas une sensation aussi vive sur les habitans de l'ancien que celle du manuscrit sur les ennemis de M. Etienne. Quelle joie féroce! quelle allégresse barbare! Je crois lire Milton; il me semble que j'entends les démons hurler de plaisir quand ils apprennent la chute du premier homme. On baise les vieux feuillets de ce livre de vengeance, on devine, dès le titre, que la pièce est excellente; la comédie de collège devient un chef-d'œuvre; et l'on maudit le parlement qui a expulsé les jésuites. Antrefois les *deux Gendres* étoient une production médiocre, c'est une pièce sublime depuis que l'on espère la trouver dans Conaxa. On lit quelques vers à la hâte; voyez, voyez, la preuve est complète, la voici, je la tiens :

. . . Que dans mon almanach, où je lis quelquefois, etc.

quel joli vers ! quelle tournure facile ! Vainement a-t-il déguisé cet énorme plagiat en disant :

Dans le calendrier, lisez-vous quelquefois ?

On y reconnoît la touche délicate et la grace d'un homme de collège. Et cet autre !

Mordi , si les duels n'étoient pas défendus !

Quel trait de caractère ! quel vers de passion ! On le trouve dans Haute-Roche, cela est vrai ; mais ce n'est point Haute-Roche que notre homme a pillé, c'est le jésuite.

Voyez encore :

Vous trouverez bon feu , bon lit et bonne table.

Ce n'est point à Paris que l'on fait de ces vers naturels ; ce n'est qu'en province que l'on sait apprécier le bon lit et la bonne table. Cependant leur joie n'est point complète ; huit vers seulement, huit vers sur deux mille, composent l'acte d'accusation. Mais qu'importe ! On les multiplie, on copie ceux des *deux Gendres* et l'on court les répandre comme des extraits de Conaxa.

Pour repousser tant d'infamie, M. Etienne sollicite lui-même l'impression de la pièce qu'on l'accuse d'avoir copiée ; elle paroît au grand jour ; l'opinion, flottante jusqu'alors, peut enfin apprécier les bruits qui circulent ; Conaxa doit être joué sur le théâtre de l'Impératrice, et le public va juger ce grand procès. Il n'y avoit plus moyen de soutenir l'identité entre les deux ouvrages ; la calomnie n'a plus qu'un moment à jouir de son triomphe, et l'évidente fausseté des copies va couvrir de honte les indignes copistes. La cabale change de batterie. Les conjurés feignent de s'appitoyer sur le sort de M. Etienne : « On a été trop loin, disent-ils; il n'a pris que quelques vers, mais ils sont excellens; tel d'entre eux vaut seul une pièce en cinq actes. » La salle de l'ancien Odéon est remplie des plus intrépides travailleurs; de prétendus auteurs se cachent dans la foule. Les acteurs et les souteneurs savent parfaitement leur rôle; les manœuvres montrent tant d'esprit, et des gens d'esprit font si bien les manœuvres, qu'on ne peut plus les distinguer, et l'on ignore si la pièce se joue dans la salle ou sur le théâtre.

Le monologue de soixante et dix-huit vers qui commence ce chef-d'œuvre paroît aussi court qu'il est gracieux. Lorsque l'aimable Gorinet récite ces deux beaux vers :

> L'un me polit le dos, comme on fait une enclume,
> L'autre d'un pot d'essence en entrant me parfume,

les Janots se regardent avec satisfaction, ils reconnoissent l'essence, et disent naïvement : voilà des vers comiques; c'est la nature prise sur le fait. Le style des Clérophile et des Philidor amuse beaucoup les amis de Conaxa. Avec quelle énergie ils parlent au beau-père :

Tout beau, bonhomme, hola ! vous gagnerez un rhume...
Vous radotez, bonhomme, avec vos prophéties.

Tous deux ils ont mêmes idées, même langage; c'est la règle de *l'unité*. Et quand ils s'entretiennent du bonhomme, c'est :

Vieille souche de bois, vieux rocantin pourri.
Le bourreau de Grison comme il tient à sa morgue,
Maussade au dernier point, toujours le museau gras,
Et trempant sans façon ses cinq doigts dans les plats,
Etc... etc.....

Rien ne choque ce public qui aime tant les pièces sentimentales, les scènes en madrigaux et le style de bon ton. On applaudit tout avec transport. Quels cris ! quelles acclamations ! Il semble que cette salle soit devenue l'Odéon avec ses longs amphithéâtres. La gloire du jésuite s'élève jusqu'aux cieux. On voit bien qu'il vivoit dans le siècle de Molière; il a pompé le comique de ce grand homme par les seringues de Pourceaugnac.

Ici se déroule la longue série des turpitudes en tout genre; des goujats payés, des libelles répandus, des injures dégoûtantes, calomnies, diffamation, vociférations, rien n'est épargné; les ennemis de M. Etienne ne sont point avares; et le scandale fut porté à un tel point contre lui, que les personnes même qui le croyoient coupable de mauvaise foi furent indignées des outrages dont on l'accabloit sans mesure.

La portion du public qui s'étoit laissé séduire par les apparences eut enfin honte de sa crédulité. On revit les *deux Gendres,* on les applaudit avec estime, la foule s'y porta, comme dans les temps heureux ; on ne fit pas attention aux huit vers insignifians qui offroient de la ressemblance avec ceux de Conaxa, et personne n'osa même comparer les deux ouvrages. Le public cependant, et il faut en convenir, murmuroit encore contre M. Etienne, et reprochoit à un écrivain aussi distingué son obstination à soutenir ce qui paroissoit une imposture évidente.

Une difficulté s'élève sur le mérite respectif des deux pièces rivales. Quoique M. Geoffroy les ait parfaitement appréciées l'une et l'autre, en disant que M. Etienne avoit fait beaucoup d'honneur au jésuite, et en réduisant Conaxa à sa juste valeur ; quoique M. Michaud, dans la préface de cette dernière pièce, ait fait sentir le ridicule de toute comparaison, on peut m'objecter que le succès de Conaxa, pendant toute une soirée, fut plus complet et surtout plus chaud que celui des *deux Gendres;* et si l'on ajoute que le public de l'Odéon, toujours nourri de chefs-d'œuvre, doit être bien plus éclairé que celui du théâtre Français, j'avoue que je n'aurai rien à répondre.

Enfin, grâces au ciel, je touche au dénouement de ce misérable drame. Un acteur qui s'est tenu jusqu'à présent dans la coulisse se montre tout à coup sur le théâtre, et, semblable à ces pères qui arrivent des Indes tout exprès pour dénouer les anciennes comédies, il entre sur la scène, son rôle à la main, et il vient nous donner le mot de l'énigme.

Quand j'ai entendu parler des *révélations* de M. Le Brun Tossa, j'ai frémi ; cependant quand j'ai vu qu'elles ne remontoient que jusqu'à l'an 9, je me suis rassuré, et j'ai lu. Il y a dans cette brochure deux révélations bien différentes, dont l'une doit naturellement entrer dans le récit, et dont l'autre sera examinée quand je m'occuperai de la partie odieuse de cette affaire. Si l'on en croit M. Le Brun, M. Etienne s'est conduit envers lui de la manière la plus déloyale ; si l'on en croit M. Tossa, M. Etienne n'a point trompé le public, et n'a pas connu le manuscrit qu'on l'accuse généralement d'avoir consulté. M. Le Brun a écrit à M. Etienne une lettre utile, qui a été imprimée dans la quatrième édition des *deux Gendres* ; mais M. Tossa prétend que M. Le Brun a menti quand il a signé cette lettre. Je prie le lecteur d'avoir un peu pitié de moi ; il voit que j'ai deux hommes à combattre, car M. Le Brun Tossa se double et se dédouble à volonté. Il affirme sur sa conscience qu'il a menti à sa conscience, et que, très-mécontent de M. Etienne, il lui a donné et signé une assurance affectueuse de satisfaction.

Mais s'il a menti, il y a deux mois, en faveur de
M. Etienne qui n'a payé cette complaisance que
de deux billets de comédie, qui est - ce qui nous
assurera qu'il ne ment point aujourd'hui pour
plaire à quelque honnête homme plus généreux ?
Sous lequel de ses noms a-t-il menti ? Sous lequel
faut-il qu'on se fie à sa parole ? Ou s'il faut le considérer à la fois sous ses deux noms et avec ses
deux visages, on doit donc conclure que M. Le
Brun Tossa ne mérite aucune confiance quand il
veut rendre service, mais que l'on peut compter
sur son honneur quand il s'agit de nuire et de dif-
famer.

Quoi qu'il en soit, je vais prendre dans ses révélations tous les faits dont la vérité m'est bien
connue, en avertissant néanmoins le lecteur que
je les appuierai de preuves encore plus certaines
que la conscience et l'honneur de M. Le Brun
Tossa.

Il dit, page 3 de sa brochure : « Le public
a dit que la comédie en cinq actes, *les deux
Gendres*, est un bon ouvrage, mais que l'auteur
a trouvé pour le faire d'immenses secours :
bien jugé. Si le public ajoute que ces secours,
l'auteur des *deux Gendres*, les a trouvés dans *Conaxa*, MAL JUGÉ. »

Dans les pages suivantes M. Le Brun ou M.
Tossa nous apprend qu'en l'an 9 ou 10 il a sauvé

des flammes révolutionnaires le manuscrit d'une pièce en trois actes et en vers , intitulée *les Gendres ingrats et punis*; qu'il a remis le manuscrit à M. Etienne, *gratis*, sans clauses, ni conditions; qu'il s'étoit associé avec lui dans l'intention de composer ensemble un grand ouvrage en cinq actes, dont ledit manuscrit auroit fourni le fonds et la matière; que cette association *dura plus de trois ans* (notez ce point), *sans autre résultat que d'être convenus verbalement des données , des principales bases du travail à faire* (ici je copie littéralement); que **M. Le Brun Tossa** *prit alors le parti de rompre , parce que d'indispensables occupations absorboient tous ses instans*; *qu'il abandonna le manuscrit à M. Etienne, etc.* Première conséquence de ces aveux : l'association n'a eu d'autre résultat que d'être convenus verbalement des premières données, et alors **M. Le Brun Tossa** prit le parti de rompre; il n'a donc rien fait, rien écrit dans cette pièce, et nous verrons plus bas qu'il n'a pas même pu donner des conseils utiles, comme il le dit dans une note.

Passons aux révélations de la page 24.

« J'ai parfaitement reconnu dans la comédie de *Conaxa* la composition, la marche, la contexture des scènes de mon manuscrit, reconnu de même le style et plusieurs vers d'un tour original et saillant d'énergie. D'où vient que, malgré cette exacte conformité, les noms des personnes ne sont pas identiques? L'homonymie échapperoit-elle à ma mémoire? Cela se peut : il me semble pourtant que le nom bizarre de *Conaxa*, le nom plaisant de *Gorinet* devoit y laisser quelques traces : pas la moindre; je ne me les rappelle point. »

Tout ce que je viens de transcrire est parfaitement vrai, mais exprimé d'une manière trop peu affirmative pour un homme qui devoit si bien connoître cet ouvrage. Quand on a sauvé une comédie des flammes parce qu'on la trouvoit intéressante, quand on l'a *gardée long-temps sur son bureau*, quand on l'a méditée *pendant plus de trois ans*, pour en faire une pièce en cinq actes, quand on y a conseillé des changemens tels que l'admission des femmes, etc., quand on prétend en avoir imaginé le nouveau dénouement, peut-on dire : *il me semble... cela se peut... l'homonymie échapperoit-elle à ma mémoire?* Un nom tel que celui de *Conaxa* dans une comédie française, nom du personnage principal, pourroit-il s'oublier après qu'on l'auroit eu long-temps sous les yeux, et qu'on l'auroit répété pendant plus de trois ans en s'occupant de l'ouvrage?

Seconde conséquence : M. Le Brun paroît avoir bonne mémoire, mais M. Tossa n'en a pas du tout. Je la lui rendrai.

Son manuscrit, dit-il à la page 25, *offroit des détails graveleux au fonds et dans la forme.*

Enfin à la page 28 il parle d'une longue note qui se faisoit remarquer dans son manuscrit, et où l'auteur dit *qu'il se trouvoit à Bordeaux* lorsque se passa l'événement d'où le sujet de sa pièce étoit pris, etc.

La mémoire de M. Tossa trompe encore M. Le Brun sur ce point; à la vérité la note parle de Bordeaux, et de l'événement qui s'y passa, mais il n'y est pas question des deux épouses, ni de l'exil peu mérité, ni de la triste solitude, que M. Tossa n'ajoute vraisemblablement que pour arrondir sa phrase.

Voici maintenant les faits dans leur exactitude, et tels qu'ils me sont démontrés par les pièces que j'ai sous les yeux.

Il est très-vrai que M. Etienne a reçu un manuscrit des mains de messieurs Le Brun et Tossa, qui alors ne faisoient qu'un.

Il est très-vrai que ce manuscrit contenoit des scènes, des vers, une comédie enfin telle quelle.

Il est également vrai que ces vers et ces scènes ressembloient beaucoup et quelquefois entièrement aux scènes en vers de la pièce que l'on vient de jouer au théâtre de l'Impératrice.

Il est faux qu'il y ait eu conformité parfaite, et

comment M. Le Brun se rappelleroit-il littéralement tous les vers, lui dont la mémoire n'est pas
bien sûre quand il s'agit des noms même des principaux personnages. Il me semble cependant qu'il
seroit plus facile de retenir les noms de Tartuffe
et d'Orgon que tous les vers du chef-d'œuvre de
Molière.

Il est très-vrai que le nom de *Conaxa* ne se
trouvoit ni dans le titre, ni parmi les personnages,
ni dans aucun endroit du manuscrit remis par M.
Le Brun Tossa.

Il est très-vrai que ce manuscrit contenoit des
gravelures, et entre autres des vers sur le *trictrac,*
qui sont d'une obscénité révoltante.

Il est très-vrai que dans tout ce manuscrit il
n'est nullement question de collége, ni de jésuite,
ni de la ville de Rennes.

Il est vrai aussi (et M. Le Brun ne le dit pas,
parce qu'il veut que son manuscrit soit un chef-
d'œuvre), il est vrai qu'en général les vers en sont
plus défectueux que ceux de *Conaxa,* et qu'il s'y
trouve même des hiatus et des pluriels rimant
avec des singuliers.

Il est vrai enfin qu'il y a une note de l'auteur
de la pièce; la voici littéralement transcrite :

« Cette aventure faisoit lhistoire de la ville de
Bordeaux dans le tems que jy etois. Il ma pris
fantaisie den faire une comedie dans le tems que

jetois en corse quand je lai relue depuis, jai été cent fois tenté de la jetter au feu. Mais on est toujours attaché a ses enfans, tels laids et contrefaits quils soient, dailleurs je ne lay faite que pour mamuser et je ne lay jamais montrée a personne. »

Telle est cette note avec cette orthographe sans *accens*, sans *apostrophes*, presque sans *ponctuation*, sans *majuscules* aux noms propres, avec ces deux *dans le temps* et ce *d'ailleurs*. J'offre de la faire voir à tous les curieux, à M. Le Brun Tossa lui-même; il reconnoîtra son *grand papier in-folio*, la vieille écriture de l'auteur et la pièce graveleuse dont je viens de parler.

CONCLUSION.

M. Etienne savoit que l'anecdote des *Gendres ingrats* avoit été contée et imprimée de plusieurs manières différentes; il savoit qu'on en avoit fait une comédie, *en* 1589, sous le titre de *Mirouer des enfants ingrats*; il connoissoit les *Fils ingrats* de Piron; il avoit le manuscrit de M. Le Brun Tossa; je demande maintenant à tout homme de sens, quelque prévenu qu'il soit contre M. Etienne, s'il pouvoit supposer que le *Conaxa* déterré à la bibliothèque impériale ressemblât au manuscrit qu'il possédoit, et où il n'est nullement question de *Conaxa*, de Rennes, ni du jésuite. Ne devoitiî pas croire au contraire que la pièce exhumée étoit une nouvelle forme dramatique, donnée à la même anecdote?

Pouvoit-il supposer qu'un manuscrit où l'on remarque des gravelures et des obscénités étoit l'œuvre d'un jésuite, et composée pour être récitée par des écoliers dans un exercice public?

Pouvoit-il attribuer à un jésuite de Rennes la comédie dont l'auteur parle de l'aventure arrivée à Bordeaux, et qu'il dit avoir faite en Corse?

D'après les grands éloges que l'on faisoit du *Conaxa* nouvellement découvert, M. Etienne pouvoit-il le reconnoître dans le manuscrit où l'on voit des fautes de langue, des hiatus, de fausses rimes, et des obscénités?

Je demande enfin si un jésuite, auteur dramatique et poëte, auroit écrit, accentué, ponctué et orthographié une note semblable à celle que je viens de transcrire?

Il est donc bien évident, non pas parce que M. Le Brun Tossa le dit, mais évident par les faits mêmes, que M. Etienne n'a point connu le manuscrit de *Conaxa*; qu'il a pu naturellement se tromper sur un nom si nouveau pour lui, et qu'il a dû constamment se refuser à faire une déclaration qui eût été un mensonge, et que le public séduit vouloit lui arracher. Il n'a dit nulle part qu'il eût inventé la fable et le fonds des *deux Gendres*; il est convenu de ce qui étoit vrai, il a nié ce qui étoit faux; il n'a donc rien à se reprocher envers le public, dans une affaire dont tout l'odieux doit retourner à ceux qui l'ont suscitée.

J'éprouve un sentiment de peine et de dégoût quand je vois qu'il m'a fallu discuter aussi longuement un fait aussi misérable; mais la nécessité de mettre fin promptement à cette honteuse querelle ne m'a pas laissé le temps d'être concis. Je m'attends bien qu'il y aura dans cet écrit une foule de tournures vicieuses, d'expressions impropres, et même des fautes de langage, mais je suis plus pressé de venger un homme que j'estime, que de polir mon style, qui, quoi que je fisse, n'auroit rien d'éclatant et n'ajouteroit rien aux preuves. Je rejette donc sur le compte des ennemis de M. Etienne tout l'ennui que j'ai pu causer, et celui que je vais donner encore à mes lecteurs; et si des personnes étrangères à la discussion me reprochoient la rudesse et les longueurs de mon style, je leur dirois : vous avez bien pu vous occuper deux mois entiers d'une calomnie inventée par des goujats, vous pouvez bien donner une heure d'attention à la défense d'un honnête homme.

Je vais passer à la question littéraire, et j'examinerai dans la partie morale de ce mémoire la conduite *déloyale* de M. Etienne envers l'honnête M. Le Brun Tossa.

QUESTION LITTÉRAIRE.

Est-ce d'aujourd'hui que les auteurs dramatiques, les gens de lettres en général, les savans, les écrivains en tout genre, mettent à profit les ouvrages de ceux qui les ont précédés ? N'est-ce que dans le dix-neuvième siècle que l'on a vu une comédie faite sur un sujet déjà mis au théâtre ? M. Etienne est-il le seul auteur qui se soit approprié en entier, ou avec de légers changemens, huit ou dix vers d'une tournure commune, dont la pensée ne valoit pas une nouvelle façon ? Un auteur dramatique est-il obligé d'imprimer la liste de tous les écrivains qu'il a imités, de tous les livres où il a puisé quelques idées, quelques tournures, quelques phrases insignifiantes? doit-il même le faire quand il imite en entier, pour l'embellir, un sujet qui a déjà été traité moins heureusement? Telles sont les questions que la haine et l'envie ont déjà résolues au désavantage de M. Etienne, et qui sont agitées avec une gravité ridicule par les personnes les plus étrangères à la littérature.

Les ennemis de M. Etienne s'attendent à trouver ici une longue réfutation de leurs principes, une apologie des imitations, des emprunts, du plagiat même ; ils se trompent. Je n'ai garde de les contredire, quand ils parlent au nom de l'honneur et de la bonne foi littéraires, lorsqu'ils prêchent le respect des propriétés. Leur conscience est si pure à cet égard, leurs scrupules sont si respectables, ils ont donné de si beaux exemples en ce genre, que je ne puis m'empêcher de leur témoigner publiquement mon estime et mon admiration.

Non, messieurs, je n'excuse point un homme qui s'empare d'un sujet de comédie, qui imite un auteur sans le nommer, qui dérobe huit ou dix vers, et des vers admirables tels que ceux-ci :

Vous trouverez bon feu, bon lit et bonne table.
Dans le calendrier lisez-vous quelquefois ?

Je ne l'excuserois pas même quand il auroit pillé les vôtres. Oh! combien cet auteur vous ressemble peu ! Tout ce que vous dites est neuf; idées, expressions, tournures, tout est à vous : ce que vous faites ne ressemble à rien. On ne reconnoît dans vos productions aucuns traits de nos grands maîtres ; on pourroit croire que vous ne les avez pas lus : ou si quelquefois vous daignez imiter vos confrères, vous faites sonner toutes les trompettes pour annoncer vos emprunts, et les journaux retentissent de vos nobles aveux. Hélas! tous les écrivains n'ont pas votre probité. Ceux que nous avons la foiblesse de regarder comme des modèles, les Molière, les Racine, les Voltaire, ont été moins honnêtes que vous. Le sévère Boileau même a dérobé des expressions, des tournures poétiques, des vers presque entiers, et à qui encore ? à ce Chapelain, qu'il a couvert d'un ridicule indélébile. Je suis forcé d'en convenir, messieurs, tous les grands écrivains ont été de grands voleurs, et vous êtes irréprochables.

Puisqu'il n'est pas possible de justifier M. Etienne, je vais tâcher du moins d'atténuer son crime, en le comparant à ceux des grands coupables qui ont séduit ce *jeune homme,* et lui ont donné de si mauvais exemples.

Je ne parlerai pas des emprunts faits aux auteurs de l'antiquité, ou aux langues étrangères ; personne ne conteste que, dans ce cas, l'imitation ne soit très permise ; elle est même un sujet d'éloges. Je me bornerai aux emprunts *de Français à Français* ; je commencerai par les imitations des *ouvrages entiers,* et je passerai ensuite à celles des vers, des idées et des tournures. Quoique mes citations soient nombreuses, elles ne formeront pas la dixième partie de celles que je pourrois faire ; je ne veux pas trop ennuyer les ennemis de M. Etienne ; ils méritent bien d'être ménagés, ils ont eu tant de modération !

Les plagiats de Molière sont trop connus pour

les rapporter en détail, et trop nombreux pour
que je puisse les renfermer dans les bornes de cet
écrit. Les gens qui étoient à Molière ce que nos
libellistes sont à M. Etienne accusèrent dans le
temps le père de la bonne comédie d'avoir pillé
non-seulement Aristophane et Plaute, d'avoir en-
levé d'énormes lambeaux de pièces au théâtre
espagnol et à celui de Venise, mais aussi d'avoir
pris des traits éminemment comiques, des situations, des caractères, des effets admirables, des
scènes entières, dans les anciens auteurs français,
et même dans les plus récens, tels que Rotrou
et beaucoup d'autres. On sait que Molière ré-
pondit : *je prends mon bien où je le trouve;* mais
ce mot qui nous plaît aujourd'hui passoit alors
pour une mauvaise gasconnade; et si ce grand
homme vivoit encore, nous ne lui pardonnerions
pas de métamorphoser de mauvaises pièces en
chefs-d'œuvre, et de chercher, comme Virgile,
des parcelles d'or sur des fumiers.

Le plus grand de nos poëtes, Racine, n'a pas
dissimulé ce qu'il empruntoit au théâtre grec,
mais comme s'il eût dédaigné d'imiter Sénèque, il
ne le nomme, dans sa préface de Phèdre, que pour
dire qu'il s'est écarté de lui. Il est cependant cer-
tain qu'il lui doit la belle scène de la *déclaration*
qui ne se trouve point dans Euripide; et la comparaison fait voir qu'il n'a pas méprisé tout-à-fait

ce Robert Garnier qui dans son style gothique nous présente néanmoins les idées principales, les tournures, et même quelques-unes des beautés que l'on retrouve dans Racine. Sénèque avoit gâté cette scène par une idée ridicule. Phédre, dans l'espoir de séduire Hippolyte, s'habille en amazone, parce que le prince étoit fils de l'amazone Antiope; or, comment une femme, qui veut éloigner l'idée de l'inceste, peut-elle vouloir ressembler à la mère de son amant? Racine a dû mépriser un pareil exemple! Voyons s'il a également dédaigné le vieux Garnier qui le devançoit d'un siècle.

Je n'examinerai que quelques passages de la seule tragédie de Phèdre; mon intention n'est pas de faire un volume sur ce sujet. On verra que Racine ne s'est pas cru obligé d'indiquer la source obscure où il avoit puisé ce qu'il devoit embellir d'une manière si éclatante.

Quand je lis ces vers antiques :

PHÉDRE.

Dieux, qui voyez sécher mon sang dedans mes veines,
Et mon esprit rongé d'un éternel émoi,
O Dieux! grands Dieux du ciel prenez pitié de moi.
. . . .
Que fais-je plus au monde? et de quoi la lumière
De notre beau soleil sert plus à ma paupière ?
. . . .

Parlé-je de mourir ? Eh ! pauvrette, mon corps,
Mon corps ne meurt-il pas tous les jours mille morts
O Phèdre ! ô pauvre Phèdre !.....
Qu'il t'eût bien mieux valu délaissée au rivage,
Comme fut Ariadne en une île sauvage.
Ariadne, ta sœur, errer seule en danger !

. . . .

O vous, creuses forêts, qui recelez ma vie,
Que bien jalousement je vous porte d'envie !

. . . .

Et vous, coteaux pierreux, et vous aussi, fontaines
Qui allez ondelant par les herbeuses plaines !

. . . .

Le repos de la nuit n'allége mes travaux,
Le somme léthéan n'amortit pas mes maux,
Ma douleur se nourrit et croît toujours plus forte,
Je brûle misérable......

dans tout ceci m'est-il possible de ne pas penser à Racine, quelque énorme différence qu'il y ait entre les deux poëtes ? Je n'ai pas besoin de faire observer que ces vers ne se suivent point dans l'original; je ne transcris que ce qui offre des ressemblances. Voyons maintenant la déclaration qui, je le répète, ne se trouve pas dans Euripide.

PHÈDRE.

Nourrice, le voici.

LA NOURRICE.

Montrez votre assurance.

PHÈDRE.

Efforce-toi, mon cœur, aye bonne espérance,
Commence à l'aborder. . . . . . .

. . . .

Prenez le sceptre en main, mettez-vous sur le front
Le royal diadème, ainsi que les rois font ;
Tenez, je vous le donne ; il est bien plus honnête
Que vous, plutôt que moi, le portiez sur la tête ;
Or, règnez noble prince, et prenez le souci
De moi, dolente veuve, et de ce peuple aussi.

HIPPOLYTE.

Le grand dieu Jupiter et le père Neptune,
Nous veuille préserver de si grande infortune !
Vous reverrez mon père à peu de jours d'ici.

PHÈDRE.

Non. Pluton, qui commande au royaume noirci,
Ne le permettra pas.

. . . .

HIPPOLYTE.

C'est l'amour de Thésé qui vous tourmente ainsi.

PHÈDRE.

J'ai misérable, j'ai la poitrine embrasée
De l'amour que je porte aux beautés de Thésée,
Telles qu'il les avoit lorsque bien jeune encor
Son menton cotonnoit d'une frisure d'or,

Quand il vit étranger la maison Dédalique
De l'homme mi-taureau notre monstre crétique ;
Sa belle taille et droite avec ce teint divin
Ressembloit égalée à celle d'Apollin ,
A celle de Diane , et surtout à la vôtre.

. . . .

Si vous nous eussions vu quand votre géniteur
Vint en l'île de Crête , Ariadne , ma sœur,
Vous eût plutôt que lui, par son fil salutaire ,
Retiré des prisons du roi Minos mon père.

Je ne fais pas à mes lecteurs l'injure de leur citer les vers de Racine , et je suis bien sûr qu'ils se
les rappellent en lisant ceux-ci. Dans tout l'ouvrage
je trouve des ressemblances aussi frappantes, comme
par exemple quand Thésée prêt à condamner son
fils , dit :

Que les hommes sont feints , et que leurs doubles cœurs
Se voilent traîtrement de visages trompeurs !

plus loin :

Or, cours où tu voudras ; traverse vagabond
Les terres et les mers, et le grand monde rond.

Puis il dit à Neptune :

   . . . . C'est Ores que je veux
Te présenter dolent le dernier de mes vœux.
Tu sais qu'étant là-bas aux pieds de Radamante,
Prisonnier de Pluton sous la voûte relante ,

J'ai toujours épargné ce vœu que langoureux
Je despends aujourd'hui contre ce malheureux ;
Souvienne-toi, grand Dieu, de ta sainte promesse.

J'invite le lecteur à lire dans le même auteur le récit de la mort d'Hippolyte, il verra comment des images et des idées souvent ridicules sont devenues admirables sous la plume de Racine, sans cesser de ressembler à ce qu'elles étoient auparavant.

Que de pages ne me faudroit-il point écrire si je voulois rapporter toutes les ressemblances qui existent entre tous les ouvrages dramatiques. Les uns ont pris le fonds, d'autres les plans, ceux-ci les situations, ceux-là des vers entiers et en grand nombre, plusieurs ont pris un peu de tout, et toujours sans en faire au public une confidence qu'ils ne lui devoient pas, et qui devenoit inutile quand l'imitateur embellissoit le modèle. Or, si nos grands maîtres se sont permis des emprunts dans un temps où l'art ne faisoit que de naître, où la mine étoit récemment ouverte, le défendra-t-on aujourd'hui que le filon s'appauvrit, que la mine est épuisée ? Mais passons à des imitations plus fidèles que celles dont je viens de parler, et voyons si des *plagiats* réels doivent toujours être considérés comme des délits dramatiques, comme des crimes littéraires.

On ne reprochera certainement pas à M. Clément d'avoir flatté Voltaire et d'avoir voulu le ménager. Le surnom *d'inclément*, qu'il a si bien mérité, prouve que l'indulgence étoit *son moindre défaut*. Ainsi quand il excuse Voltaire, l'auteur de la Henriade est excusable *à fortiori*.

Voyons donc ce que dit ce terrible critique sur les vers nombreux que Voltaire a dérobés à plusieurs poëtes, quelquefois en les déguisant un peu, quelquefois les reproduisant sous leur forme originelle.

« Il y a des tournures qui appartiennent à tout « le monde, et qui se trouvent nécessairement partout. *Il y auroit de la folie à s'en abstenir* parce « que d'autres s'en sont servis. *On peut même en* « *emprunter* D'AUTRES MOINS COMMUNES, mais qui « sont peu remarquables par leur éclat, et qui n'ont « pas demandé beaucoup de génie à ceux qui les « ont trouvées; elles rentrent alors dans le trésor « commun de la langue, *et deviennent le bien de* « *tout le monde,* pourvu qu'on en fasse une dé- « pense modérée et honorable. »

(Lettre à M. de Voltaire, IXme lettre, vol. V., pages 243 et 244.)

Je demande maintenant si les vers pris par M. Etienne dans le manuscrit de M. Le Brun Tossa sont *remarquables par leur éclat*, et s'il a fallu *beaucoup de génie* pour les faire. Si M. Etienne est décidément un plagiaire, nous allons être forcés de donner le même nom à Voltaire, à Racine, à Boileau même, qui ont pillé comme M. Etienne, mais qui n'ont pas eu, comme lui, la maladresse de piller des vers communs.

Je vais citer beaucoup d'exemples : M. Clément m'en fournit un grand nombre, et je me hâte d'en faire la remarque; nos auteurs d'aujourd'hui sont si honnêtes gens que je ne veux pas avoir sur la conscience le plagiat même d'une citation. Je dois encore ajouter que si quelquefois M. Clément blâme de pareilles ressemblances, ce n'est point sous le rapport de l'emprunt, mais uniquement *lorsque l'imitateur affoiblit son modèle.* Maintenant déroulons notre liste :

RACINE.

Mais lui, voyant en moi la fille de son frère,
Me tint lieu, chère Elise, et de père et de mère.

VOLTAIRE.

Condé, qui vit en moi le seul fils de son frère,
M'adopta, me servit et de maître et de père.

RACINE.

Ils regrettent le temps à leurs grands cœurs si doux.

VOLTAIRE.

Il regretoit ces temps si chers à son grand cœur.

Ces changemens ne ressemblent-ils pas à l'almanach de *Conaxa*, que M. Etienne a métamorphosé en calendrier ? Suivons :

RACINE.

Et déjà les deux camps, au pied de son rempart,
Devoient de la bataille éprouver le hasard.

VOLTAIRE.

Déjà les deux partis, au pied de ces remparts,
Avoient plus d'une fois balancé les hasards.

BOILEAU.

Par lui dès son enfance à la victoire instruit.

VOLTAIRE.

Aux combats dès l'enfance instruit par la victoire.

QUINAULT.

De grands rois à vos pieds mettent leurs diadèmes.

VOLTAIRE.

Les peuples à ses pieds mettoient les diadèmes.

BOILEAU.

Déjà du plomb mortel plus d'un brave est atteint.

VOLTAIRE.

D'un plomb mortel atteint par une main guerrière.

BOILEAU.

. . . . Sans tumulte et sans bruit,
Partent à la faveur de la naissante nuit.

VOLTAIRE.

. . . . Sans tumulte et sans bruit ;
C'étoit à la faveur des ombres de la nuit.

CHAULIEU.

Digne de plus de vie et de plus de fortune.

VOLTAIRE.

Digne de plus de vie et d'un autre destin.

RACINE.

Du ministère saint tour à tour honorées.

VOLTAIRE.

Du ministère saint par Dieu même honorée.

RACINE.

De tout ce vain amas de superstitions. . .

VOLTAIRE.

Et d'un antique amas de superstitions. . .

RACINE.

D'un geste menaçant, d'un œil brûlant de rage.

VOLTAIRE.

D'un bras déterminé, d'un œil brûlant de rage.

RACINE.

. . . . Prenant son diadème,
Sur le front d'Andromaque il l'a posé lui-même.

VOLTAIRE.

. . . . Prenant son diadème,
Sur le front du vainqueur il le posa lui-même.

On va dire sans doute que ces vers ne se ressemblent pas parfaitement, que, *il l'a posé* et *il le posa*, sont des tournures fort différentes chez Restaut, chez Wailli, et même chez Domergue. Je l'avoue ; je sais que *blanc bonnet* et *bonnet blanc* ne sont pas tout-à-fait la même chose : je propose donc à M. Etienne une variante qui va le faire triompher de tous ses ennemis. Au lieu de dire :

Dans le Calendrier lisez-vous quelquefois?
Vous sauriez qu'aujourd'hui c'est le premier du mois ;

qu'il écrive :

Lisez-vous quelquefois dans le Calendrier ?
Vous sauriez que du mois ce jour est le premier.

et les amis de *Conaxa* s'écrieront dans leur style habituel : voilà deux fiers vers ; le jeune homme ira loin. Continuons :

L'insatiable Voltaire ne s'est pas contenté de voler les riches, il a dépouillé des pauvres du peu de biens qui leur restoit. Cotin, l'ignoble Cotin pouvoit montrer ce beau vers à la postérité :

Il arrachoit la foudre à l'aigle des Césars ;

Voltaire le gâte en disant :

Disputant le tonnerre à l'aigle des Césars.

On lisoit dans le père Lemoine :

. . . . Cette nue embrasée
Qui ravit autrefois le maître d'Élisée.

Voltaire dit :

. . . . Cette nue embrasée
Qui dérobant aux yeux le maître d'Elisée, etc.

Et cet autre vers :

Et vous apprendre à vaincre ou du moins à mourir;

Vous croyez qu'il est tout entier de Voltaire ! Eh ! non, le bienheureux Scudéry avoit écrit déjà :

Allons chercher à vaincre ou du moins à mourir.

Le gouverneur du château d'If avoit dit encore :

Sous leurs coups redoublés les casques étincellent.

Voltaire y a fait ce changement notable :

Sous les coups redoublés leur cuirasse étincelle.

Je viens de transcrire à peu près la moitié des emprunts que M. Clément a remarqués dans la seule *Henriade*; et, je le répète, il ne reproche à Voltaire que ceux où il change pour affoiblir. Mais voici un plagiat bien plus plaisant que tous ceux dont il a été question jusqu'ici.

On s'est beaucoup moqué de Sédaine quand il a fait dire à son *Déserteur* :

Chaque minute, chaque pas
Ne mène-t-il pas au trépas?

Sédaine pouvoit bien se moquer des moqueurs en leur citant ce vers de Voltaire :

L'instant où nous naissons est un pas vers la mort.

Et ne croyez pas que Voltaire l'ai dit le premier. Rousseau avoit écrit :

> Le premier moment de la vie
> Est le premier pas vers la mort,

Et Rousseau n'étoit pas l'inventeur. Thomas Corneille réclame la priorité pour ce vers :

Chaque instant de la vie est un pas vers la mort.

Mais Boileau, qui le croiroit? Ce régent du Parnasse, ce poëte cent fois plus méchant qu'un journaliste, a fait au dur Chapelain l'honneur de le voler.

CHAPELAIN.

On quitte alors le temple, et l'innombrable foule
Par le triple portail avec peine s'écoule.

BOILEAU.

Aussitôt on se lève, et l'assemblée en foule
Avec un bruit confus par les portes s'écoule.

CHAPELAIN.

L'infortuné guerrier, contre ce double orage,
Vainement dans son sein recherche du courage.

BOILEAU.

Le chantre, qui de loin voit approcher l'orage,
Dans son cœur éperdu cherche en vain du courage.

CHAPELAIN.

. . . . Chinon baisse, décroît,
S'éloigne, se blanchit, s'efface et disparoît.

BOILEAU.

Sous leurs pas diligens le chemin disparoît,
Et le pilier loin d'eux déjà baisse et décroît.

Le même Boileau ne s'est pas fait de scrupule de
prendre des expressions neuves et poétiques dans
les auteurs les plus obscurs; par exemple dans ce
vers :

Tient un verre de vin qui rit dans la fougère,

Il imite Théophile qui avoit dit :

Bacchus riant dans le cristal.

Je demande à tout homme de goût si une pareille

expression n'est pas plus remarquable que vingt vers insignifians tels que

Vous trouverez bon feu, bon lit et bonne table.

Et ajoutons que *Bacchus riant* est une image plus juste que le *vin qui rit*.

Il me semble entendre les amis de *Conaxa* qui me crient : vous nous ennuyez. Messieurs, je n'en doute pas; mais voilà deux mortels mois que vous ennuyez le public avec vos sottises contre M. Etienne; et il n'y a rien de plus juste que la loi du talion. Quant aux personnes qui ont eu la foiblesse de vous croire, il n'y a pas grand mal de les ennuyer une bonne fois afin qu'elles s'en souviennent, et qu'elles ne chicanent plus les hommes d'un talent distingué pour dix vers communs qu'ils empruntent, quand ils font les bons vers par centaines.

Cependant rassurez-vous, je vais bientôt terminer mes citations, et pour ménager votre sensibilité je ne les tirerai que de l'Iphigénie et de la Phèdre de Racine : Si vous y prenez goût, nous examinerons dans la suite les autres pièces.

Rien n'étonne plus dans un poëte que de le voir employer heureusement des expressions qui sembloient incompatibles avec la poésie; et une seule de ces expressions a souvent plus de prix que plusieurs vers, parce qu'elle est une véritable invention.

Je ne sais, par exemple, si un poëte tragique oseroit dire *aspirer à descendre*, opposition que Corneille a trouvée. Par la même raison, le mot *chatouiller* qui paroit si peu noble, et que Racine a su ennoblir, semble appartenir exclusivement à l'auteur d'Iphigénie. L'employer aujourd'hui seroit sans doute un grand crime, puisque ce mot est si remarquable, et que nos auteurs sont si honnêtes gens. Racine cependant n'a pas été si scrupuleux, cette expression qui est devenue son bien, il l'a dérobée à Corneille.

CORNEILLE.

Chatouilloit, malgré lui, son ame encore surprise.

RACINE.

Chatouilloient de mon cœur l'orgueilleuse foiblesse.

Le *bon lit* et la *bonne table* de Conaxa seroient-ils un larcin plus coupable que cet emprunt?

Ce méchant Racine a eu comme Molière la bassesse de voler les auteurs qu'il avoit tués; et il n'a pas dédaigné de fouiller dans les poches des Gilbert et des Rotrou; en voici des preuves :

ROTROU.

Le sang qui sortira de ce sein innocent
Prouvera malgré vous sa source en se versant.

Racine a imité deux fois ces vers :

RACINE.

Vous rendre tout le sang que vous m'avez donné.

Allez ; et que les Grecs qui vous vont immoler
Reconnoissent mon sang en le voyant couler.

ROTROU.

S'il vous souvient pourtant que je suis la première
Qui vous ait appelé de ce doux nom de père. . . .

RACINE.

Fille d'Agamemnon, c'est moi qui la première,
Seigneur, vous appelai de ce doux nom de père.

Ces deux-là, j'espère, valent bien *le calendrier où je lis quelquefois*.

ROTROU.

J'immolerois le prêtre aux yeux de la victime.

RACINE.

Le prêtre deviendra ma première victime.

Et cet hémistiche si fameux, cet hémistiche que tout le monde répète : *C'est toi qui l'as nommé ;* il n'appartient pas à Racine, et cependant il lui restera. Gilbert avoit dit :

Ne m'en accuse pas, c'est toi qui l'as nommé ;

et pour compléter la ressemblance il faut ajouter que dans Gilbert ces mots sont également dans la bouche de Phèdre, et s'appliquent à Hippolyte.

Rotrou fait dire à Hippolyte :

Si je suis exilé pour un crime si noir,
Hélas ! qui des mortels voudra me recevoir.

RACINE.

Chargé de crime affreux dont vous me soupçonnez,
Quels amis me plaindront si vous m'abandonnez ?

ROTROU.

Va chez les scélérats, les ennemis des Dieux ;
. . . .
Ceux qui se sont souillés d'incestes, d'adultères.

RACINE.

Va chercher des amis dont l'estime funeste
Honore l'adultère, applaudisse à l'inceste.

Tout ceci n'est pas copié sans doute, mais l'imitation y est forte. Une nouvelle circonstance dans un sujet dramatique est souvent aussi remarquable qu'un bon vers ; s'en emparer est un emprunt considérable : Gilbert a eu le premier l'heureuse idée de faire mourir l'odieuse confidente de Phèdre, et il a dit :

Dans les flotrs de la mer elle a fini ses jours.

Racine, qui embellit tout ce qu'il touche, a imité jusqu'au genre de mort :

Dans la profonde mer OEnone s'est lancée.

Tout le monde sait par cœur les vers du récit de Théramène qui finissent par celui-ci :

Le flot qui l'apporta recule épouvanté.

On ne sera peut-être pas fâché de voir comment le vieux Garnier et le triste Pradon ont présenté cette image empruntée à Sénèque. Le vers que je viens de citer est au contraire imité de Virgile.

GARNIER.

L'eau se creuse au-dessous en une large fosse,
Et des flots recourbés tout à l'entour se bosse ;
Elle bout, elle écume, et suit en mugissant
Un monstre qui se va sur le bord élançant.

PRADON.

De ses longs beuglemens les rochers retentissent,
Jusqu'au fond des forêts les cavernes gémissent ;
Dans la vague écumante il nage en bondissant,
Et le flot irrité le suit en mugissant.

Tel de nos poëtes qui rit du pauvre Pradon, n'a jamais fait quatre vers semblables à ceux-ci.

J'ai dit que je ne citerais rien de Molière, parce que personne ne conteste ses *plagiats;* cependant je reçois des lettres où l'on me presse de démontrer que le grand homme a été aussi le plus grand des pillards, ce qui, comme on sait, nuit beaucoup à sa réputation. Entre autres personnes, M. C. Henri, me fournit une multitude de citations, connues pour la plupart, mais dont le rapprochement étonne. Si la lettre de M. Henri n'étoit pas un peu longue je me ferois un plaisir de la copier, par égard pour un zèle si louable dans un temps où tant de braves se réunissent à la foule pour attaquer un seul homme. Je vais seulement rassembler les principaux traits de cette lettre.

Molière doit sa dispute de Trissotin et de Vadius à Saint Evremont ; à Cyrano de Bergerac la fameuse scène des *Fourberies de Scapin;* au *Pédant* joué du même auteur, sa *Comtesse d'Escarbagnas;* à Rotrou, des traits saillans de son *Amphitryon.*

ROTROU.

Point, point d'Amphitryon où l'on ne dîne pas.

MOLIÈRE.

Le véritable Amphitryon , etc.

ROTROU.

J'étois chez nous long-temps avant que d'arriver.

MOLIÈRE.

Et j'étois chez vous, je vous jure,
Avant que je fusse arrivé.

ROTROU.

(*Amphitryon.*) Et qui t'en a chassé?
(*Sosie.*) Moi, ne vous dis-je pas ?
Moi que j'ai rencontré, moi qui suis sur la porte,
Moi qui me suis moi-même ajusté de la sorte,
Moi qui me suis chargé d'une grêle de coups,
Ce moi qui m'a parlé, ce moi qui suis chez vous.

MOLIÈRE.

Moi, vous dis-je, ce moi plus robuste que moi.
Ce moi qui s'est de force emparé de la porte,
Ce moi qui m'a fait filer doux,

. . . .

Enfin ce moi qui suis chez vous,
Ce moi qui veux être mon maître,
Ce moi qui m'a roué de coups.

Voici des imitations plus modernes : Marivaux a
pris ses *Jeux de l'amour et du hasard* dans *l'E-
preuve réciproque* d'Alain ; Poinsinet, son *Cercle*
dans les *Mœurs du temps* de Saurin ; Collin Har-
leville, son *Vieux célibataire*, non pas dans la
Gouvernante d'Avisse, dit M. Henri, mais dans le
vieux Garçon de Dubuisson ; Le Grand, son
Aveugle clair-voyant, dans l'*Aveugle clair-voyant*

des frères de Brosse; et si l'on s'occupoit des *plagiats* plus modernes, encore, quelle liste, bon Dieu! Celle des *Maîtresses de don Juan* ne seroit rien en comparaison.

J'ai cité des imitations de *pièces*, des imitations de *scènes*, des emprunts d'*expressions saillantes*, de *tournures* de *vers* en tout genre. Dans cet océan de plagiats, quelle figure, je le demande, font les dix vers prosaïques, tant reprochés à M. Etienne, et disséminés dans les deux mille qui composent la comédie des *deux Gendres*? un anonyme m'écrit avec un grand sérieux que M. Etienne n'a pas pris dix vers, mais quinze! Eh bien! soit; *quinze*; veut-on qu'il y en ait vingt? Je le veux aussi; sur deux mille cela fera juste *un pour cent*; c'est un compte qu'entendront très-bien certains ennemis de l'auteur : et quel est le poëte vivant, quel est même l'académicien qui puisse dire avec assurance : les quatre-vingt-dix-neuf centièmes de mes vers sont bien à moi?

CONCLUSION.

Les vers nombreux que j'ai cités ne sont-ils pas plus élégans, plus remarquables que ceux dont on fait un si grand crime à M. Etienne? La comédie où il les a placés n'est-elle pas supérieure à celle où il les a pris? Doit-on lui faire l'honneur d'être plus sévère envers lui qu'on ne l'est pour les Boileau, les Molière , les Racine et les Voltaire? Seroit-il défendu de placer dans une comédie les vers suivans :

Je ne sais où je vais, je ne sais où je suis.
Madame, retournez dans votre appartement.

Parce que le premier se trouve dans Phèdre et l'autre dans Britannicus? Si l'on pardonne aux grands maîtres de l'art des emprunts considérables, faut-il accabler M. Etienne des injures les plus atroces pour s'être approprié quelques vers communs. J'attends une réponse à ces questions.

QUESTION MORALE.

Je reçois tous les jours des lettres anonymes ; on me croira facilement quand je dirai qu'elles ne sont pas toutes fort polies. Quelques-unes cependant m'ont étonné par la modération qui y règne. Pourquoi ne pas signer ce que l'on peut avouer sans rougir ? Je ne parlerois point de ces lettres, si l'on ne m'y faisoit pas le reproche d'avoir été *peu modeste,* en annonçant *la fin* de ce ridicule procès. Comment a-t-on pu se méprendre sur le sens de mes expressions ? Ai-je dit que je terminerois tous les procès que l'on peut intenter à M. Etienne; que je ferois cesser toutes les injures ; que j'apaiserois toutes les querelles ? J'ai parlé des *deux Gendres* et de *Conaxa*, voilà tout. Si j'ai prouvé que M. Etienne n'a point trompé le public, en disant qu'il ne connoissoit pas le manuscrit intitulé Conaxa ; si je prouve ensuite que M. Le Brun Tossa mérite seul le reproche de déloyauté qu'il adresse à M. Etienne, je me serai acquitté de ma promesse, et j'aurai terminé ce procès, sans me mêler dans les autres différends qui peuvent s'élever par la suite. Je n'ai pas besoin de *modestie* pour affirmer que deux et deux font quatre ; eh bien ! la honte de M. Le Brun Tossa sera aussi évidente que cette proposition arithmétique.

On attribue généralement aux succès de M. Etienne la haine furieuse dont il est l'objet. Ses succès, son bonheur y entrent pour beaucoup sans doute ; mais les pamphlets et les lettres anonymes m'ont révélé une cause bien plus certaine et bien plus agissante. C'est la place de *rédacteur en chef du Journal de l'Empire* qui vaut à M. Etienne cette haine implacable et ce torrent d'injures. Ses ennemis se sont persuadés qu'il pouvoit à son gré faire distribuer le blâme ou la louange ; qu'il peut diriger, selon son caprice, la conscience et le goût des autres rédacteurs ; qu'il peut commander des *articles* critiques ou favorables. Jamais on n'imagina rien de plus faux. Un M. Bonvet a la naïveté d'adresser publiquement cette phrase à M. Etienne : « Vous l'avez bien mérité, « et pour l'*insouciance* et pour la *partialité* que « vous avezmontrées dans mes querelles avec Dus- « sault. » Tâchez, si vous le pouvez, de concilier la *partialité* avec l'*insouciance* ; voyez si les ennemis de M. Etienne sont insoucians. Eh bien ! c'est pour dire une pareille absurdité que l'on fait circuler une brochure. On m'écrit à moi : « On vous « pardonne vos méchancetés dans le Journal de « l'Empire, parce qu'on sait que vous obéissez à « M. Etienne. » Ces messieurs ont trop bonne opinion de mon caractère ; il n'a pas tant de docilité : et s'ils refusent de m'en croire, quand je dis que M. Etienne est incapable de donner de pareils ordres, il est au moins bien sûr que je ne les recevrois pas.

N'est-ce que depuis la nomination de M. Etienne que l'on déclame contre le Journal de l'Empire ? Autrefois M. Dussault avoit-il toujours l'encensoir à la main ? Les mauvais écrivains le regardoient-ils comme leur protecteur ? Le Journal de l'Empire a-t-il jamais passé pour être doucereux ?

Qu'on cesse donc d'attribuer à M. Etienne un pouvoir et une intention qu'il n'a pas ; et occupons-nous enfin des fameuses *révé.ations* de son *très cher ami.*

On se demande quelle a été l'intention de M.

Le Brun Tossa, ce qu'il a voulu prouver, quel a été son but en publiant sa brochure. Il dit *qu'il figure bien malgré lui dans ce procès*; quelle puissance l'a forcé d'y entrer ? Ce n'est pas moi du moins qui lui en fais le reproche ; je lui ai de grandes obligations ; il a considérablement allégé ma tâche : sans les aveux de ce nouvel ennemi, bien des personnes seroient restées dans le doute. Il dit qu'il n'a point reçu d'argent ; et il le répète avec une affectation qui a tout l'air du regret. M. Etienne est en effet bien ingrat, car s'il n'a pas dû payer le manuscrit de M. Le Brun, il devroit au moins payer sa brochure. M. Le Brun affirme qu'il n'a pas travaillé aux *deux Gendres:* eh! bon dieu! son innocence, à cet égard, est bien évidente ; j'ai sous les yeux quelques uns de ses ouvrages ; ils suffisent pour l'absoudre de toute comparaison avec M. Etienne. Est-ce pour éloigner un pareil soupçon que M. Le Brun Tossa se croit obligé de déshonorer son ancien ami, qu'il l'accuse d'avoir commis *un faux*, d'avoir *falsifié une lettre ?* Ici je prie le lecteur de me prêter toute son attention ; voici véritablement la fin de ce procès.

M. Le Brun Tossa devoit s'associer à M. Etienne pour faire avec lui la comédie des *deux Gendres.* Il rompit, comme il l'avoue, la société avant d'avoir travaillé à la pièce. M. Etienne devoit donc exiger de lui une reconnoissance, un titre par lequel il fût bien démontré que M. Le Brun Tossa n'avoit aucune part à la paternité, ni à la propriété de l'ouvrage. La date d'un pareil écrit étoit fort indifférente, pourvu qu'il constatât la non pro-priété de M. Le Brun. M. Etienne avoit le droit, et, par un esprit prophétique, il a eu la précau-tion d'exiger que cette déclaration fût conçue dans les termes les moins équivoques. Il a pu, il a dû dire : on croit que nous avons travaillé ensemble, vous y avez renoncé, donnez - moi une reconnoissance par laquelle il soit prouvé que j'ai fait seul l'ouvrage, et qu'il m'appartient tout entier.

M. Le Brun Tossa dit qu'il a eu la *complai-sance* d'écrire et de signer cette lettre; que M. Etienne ne l'a imprimée qu'après l'avoir altérée, mais il ne dit pas qu'à cette lettre il avoit joint le billet que je vais transcrire; je préviens le lecteur que, dans ce billet et dans les lettres suivantes, je soulignerai des expressions *utiles,* qui ne sont point soulignées dans l'original.

Billet de M. Le Brun Tossa. (Sans date.)

« Voyez, mon ami, si cela vous convient. Dans le cas où vous jugeriez à propos de faire des changemens no-tables, je ne vous demande qu'à les connoître avant le public. Vous êtes trop bon pour me refuser cette petite satisfaction.

« Plaisanterie à part, *changez*, *conservez*, je vous en laisse le maître. Il ne tenoit qu'à vous d'avoir beaucoup plutôt cette preuve de mon entier dévouement à vos intérêts. Les commères *** et autres ne prévaudront pas contre mon *imperturbable loyauté*. Je ne tourmente, en vous donnant cette lettre, NI MA CONSCIENCE NI MON COEUR.

« Votre domestique ne m'a point apporté la préface annoncée; je présume que vous ne l'avez pas faite encore. »

Ce billet n'est signé que par trois initiales ; mais il est entièrement de la main de M. Le Brun Tossa, et de la même écriture que ses lettres qui sont bien signées, et que l'on trouvera, avec le billet, chez M. Grelet, notaire, rue Basse-d'Orléans.

M. Étienne avoit donc par ce billet la permission de *changer* ou de *conserver,* dans la lettre, tout ce qu'il voudroit, et le droit d'y choisir les expressions qui constatassent le mieux qu'il est possible son entière propriété de la comédie des *deux Gendres.* Si cette lettre avoit été une ruse, une supercherie convenue, M. Le Brun Tossa parleroit-il de son *imperturbable loyauté?* si elle avoit été un mensonge, diroit-il qu'il ne tourmente, en la donnant, NI SA CONSCIENCE NI SON COEUR ? Enfin, dans ses indignes *Révélations* mêmes, il dit que cette lettre n'énonce rien de faux.

(61)

Mais quelle a été la conduite de M. Étienne pour mé-
riter l'infamie dont son *cher ami* cherche à le couvrir ?
Ces mots : *plaisanterie à part, changez, conservez, je
vous en laisse le maître,* le dispensoient de toute communication ultérieure ; cependant il renvoie à M. Le
Brun Tossa cette lettre et sa préface, *toutes deux im-
primées, en épreuves,* pour les soumettre à son approbation défiuitive, par égard pour l'ancienne associatiou ;
et M. Le Brun Tossa lui répond la lettre suivante, où je
souligne également les mots qui feront apprécier *sa
conscience et son cœur.*

Lettre de M. Le Brun Tossa.

Paris, le 10 décembre 1811.

« Je vous remercie, *mon très-cher ami,* de votre
communication, et vous renvoie tous les matériaux. Je
trouve cette préface *bien convenable,* et quand à ma
lettre, je vois que vous n'avez fait *que les changemens
exigés* pour que l'ensemble soit coordonné.

« Je désirerois cependant qu'à cette phrase, *et surtout* (1) *écrire, en vers, une comédie,* vous ajoutassiez
du haut genre. Une pièce peut être du haut genre en trois
actes comme en cinq ; il n'y auroit rien là de contradic-
toire avec votre narration.

––––––––––––

(1) Ces mots sont soulignés dans l'original.

« Je vous prie aussi de soigner la phrase italienne de la fin ; elle est barbarement *imprimée.*

« Je ne sais quelle espèce et quel nombre de sottises on me prête, mais sans doute que ma lettre clorra le bec aux CORBEAUX, OIES *et* GRENOUILLES *qui font tant de bruit.* Attendu que ma *franchise,* peut-être un peu brusque, m'a de tout temps valu de nombreux ennemis, si quelqu'un d'eux alloit se cacher derrière un journaliste pour m'adresser des camouflets, dans cette circonstance je dois compter assez sur votre amitié pour m'épargner la peine d'écrivasser dans les journaux, et de perdre à répondre un temps dont je ne suis pas tout-à-fait le maître.

« Adieu, *mon cher ami ;* j'irai vous voir dans quelques jours, si le temps et mes nerfs y consentent.

Signé LE BRUN TOSSA. »

Et c'est après avoir laissé la liberté de changer, et c'est après avoir approuvé les changemens, qu'il fait cet odieux scandale, qu'il imprime une infâme calomnie, et qu'il choisit pour publier ce mensonge le moment où son ancien ami est l'objet de tant de haine et de persécutions !

Ce billet et cette lettre suffisent bien, ce me semble, pour prouver *l'imperturbable loyauté* de M. Le Brun Tossa ; mais ils ne dévoilent pas encore entièrement *sa conscience et son cœur.* Je viens de vous montrer son portrait de profil, vous allez le voir en face et parfaitement ressemblant. Cet homme se plaint, dans sa brochure, de ce que M. Étienne parle seulement d'un *projet de canevas*, tandis qu'il lui a remis une comédie entière, qui offriroit identité parfaite avec *Conaxa*, si le titre et les noms étoient les mêmes, s'il n'y avoit pas des *gravelures* dans le manuscrit de M. Le Brun Tossa, et sans une note où l'auteur parle de Bordeaux, et non pas de Rennes et d'un jésuite. Voici ma réponse.

L'intention de M. Le Brun Tossa étoit-elle de faire jouer cette comédie telle qu'elle se trouvoit dans le manuscrit? Non certainement, puisque *pendant plus de trois ans* les deux associés *sont convenus verbalement des premières données, des principales bases du travail à faire,* comme il le dit dans ses belles *révélations.* Or, la pièce la plus complète n'est plus qu'un *canevas* pour l'auteur qui veut en faire une autre sur le même plan ; et tant que ce plan n'est point tracé, tant qu'on ne s'en occupe que verbalement, le *canevas* n'est encore qu'un *projet.* Mais que vont dire mes lecteurs quand ils verront que l'honnête M. Le Brun Tossa pressoit M. Étienne d'avouer au public non pas une pièce, ni même un canevas, mais seulement une anecdote. Écoutons ce qu'il dit dans une autre lettre, qui sera également ment déposée.

Autre Lettre de M. Le Brun Tossa.

« Puisque des journaux ont dit que Piron avoit ou paroissoit avoir bâti son mauvais drame sur une anecdote, quel inconvénient trouveriez-vous à imprimer vous-même que je vous ai communiqué *cette anecdote* avec des détails qu'on ne peut guère douter que Piron ne l'ait connue, et qu'on ne conçoit pas comment il a pu se déterminer à substituer des fils à des gendres. Vous me remerciez, chemin faisant, de vous avoir beaucoup pressé de traiter ce sujet, et moi de me pavaner comme l'eunuque présent aux couches de la sultane *Validé.* (Souligné dans l'original.) Croyez-moi, réfléchissez sur ma proposition. Si la forme que j'indique ne vous paroît pas bonne, choisissez-en une autre. J'écrirai moi-même, si vous voulez, et *ce que vous voudrez ;* il suffira de nous entendre à cet égard. Pensez-vous qu'il n'y ait rien à faire ? Je ne suis pas de votre avis, mais je n'insisterai pas ; c'est bien à vous, au reste, à juger de vos véritables intérêts, les miens sont de vous prouver que *je vous suis attaché de tout cœur,* parce que vous êtes *un bon enfant,* et le *** d'*** est de mon avis.

« Tout à vous.

« LE BRUN TOSSA. »

« Ce que je propose pourroit avoir son application dans la préface ou postface de votre ouvrage imprimé ; mais il seroit mieux encore de l'employer doublement. SI VOUS ADHÉREZ, *ed auch' io piu non muojo.* Feriam sidera vertice. Je le puis sans danger, car j'ai la tête dure. »

Mais vont dire les personnes prévenues, M. Etienne

vouloit ensevelir dans le plus profond secret la communication même de l'anecdote. Je réponds que cela étoit impossible, puisque les *Fils ingrats* de Piron existoient, et que M. Etienne ne pouvoit plus passer pour inventeur du sujet; mais si l'on en doute encore, écoutez M. Le Brun Tossa; il dit, dans la même lettre : « Vous avez vous-même *dit et redit* à certaines gens, *qui ne méritent ni votre confiance, ni la mienne,* que je vous avois donné ce sujet. » C'est un plaisant moyen, sans doute, de garder un secret, que de le *dire* et *redire* à des gens qui ne méritent point de confiance.

Maintenant je déclare que je n'ai point transcrit en entier cette longue lettre, parce que M. Le Brun Tossa y a nommé plusieurs personnes que je n'ai pas le droit de tympaniser et de mêler à cette discussion. C'est par le même motif que j'ai désigné par des *** le nom propre qui se trouve dans le premier billet; il est celui d'un homme de lettres, et je ne crois pas devoir, pour le plaisir de défendre M. Etienne, citer une personne honnête d'une manière désagréable. Il faudra bien que, sur ce point, mes lecteurs m'en croient sur parole, ou qu'ils se donnent la peine de vérifier mon assertion chez le notaire désigné ci-dessus.

En réunissant tous les traits de *franchise* de M. Le Brun Tossa, le lecteur peut apprécier toutes les expressions de sa brochure. Dans ses *Révélations* il dit, page 6 : « La prodigalité de *mes* confidences explique « comment et pourquoi circuloient tous ces bruits plus ou

« moins rapprochés de la vérité. » Dans sa lettre du 1er septembre 1810, il se plaint au contraire de ce que c'est M. Étienne qui *dit* et *redit* avoir reçu ce sujet de comédie. Dans les *Révélations*, M. Le Brun Tossa est un homme si franc qu'il n'a pu s'empêcher de prodiguer les confidences ; dans sa lettre, c'est M. Étienne à qui l'on reproche de dire trop franchement ce que M. Le Brun Tossa voudroit cacher. Dans les *Révélations* de janvier 1812, M. Le Brun Tossa blâme la *ridicule* préface des *deux Gendres* ; dans sa lettre de décembre 1811, c'est-à-dire quinze ou vingt jours auparavant, il avoit trouvé cette préface *très-convenable*. Dans ses *Révélations*, il réclame contre l'altération de sa lettre ; dans son billet il avoit dit : *changez, conservez, je vous en laisse le maître*. Par ses *Révélations* il semble prouvé qu'on a imprimé sa lettre *altérée* sans sa permission ; dans sa lettre de décembre 1811, il remercie M. Étienne de la communication, approuve les *changemens*, et se félicite de sa *franchise*, qui clorra le bec aux *corbeaux, oies et grenouilles*. Par ses *Révélations* il paroîtroit que la lettre imprimée dans la quatrième édition n'étoit qu'une ruse concertée ; dans son billet, M. Le Brun Tossa dit qu'*elle ne tourmente ni sa conscience ni son cœur*. Par les *Révélations* il semble que M. Étienne vouloit taire la vérité, et que M. Le Brun Tossa, beaucoup plus honnête, conseilloit un aveu qui ne fût ni une *vérité* ni un *mensonge* (page 7) ; dans sa lettre du 1er septembre 1810, M. Le Brun Tossa imagine et conseille le mensonge; il offre de mentir publiquement, il dit : *J'écrirai si vous voulez*, ET CE QUE VOUS VOUDREZ. Et qu'on ne croie pas que M. Étienne ait désiré, demandé, sollicité cette supposition; M. Le Brun Tossa ajoute dans la même lettre : « *Pensez-vous qu'il n'y ait rien à faire ?* » Est-ce ainsi que l'on parle à celui qui propose ? Il dit ensuite : *si vous adhérez*.... Exprime-t-on ce doute si l'on a été sollicité ? dans ses *Révélations* enfin M. Le Brun Tossa fait soupçonner, sous le voile de l'ironie, que M. Étienne lui a de grandes obligations non-seulement pour le manuscrit, qui étoit une pièce toute faite, mais pour l'idée d'introduire des femmes dans l'ouvrage, et surtout pour le dénouement qui paroît être un fruit du génie de M. Le Brun Tossa; mais cet homme si *imperturtablement* loyal a fort peu de mémoire. On a vu qu'il avoit oublié le nom du principal personnage dans une pièce qu'il a méditée pendant trois ans, et voici qu'il oublie la lettre qu'il écrivit à M. Étienne le 12 août 1810, c'est-à-dire le lendemain de la première représentation des *deux Gendres*. Je prie le lecteur de bien peser les expressions de cette lettre, et de décider si elle ressemble à celle d'un homme qui juge l'ouvrage qu'il connoissoit d'avance, ou qui voit une pièce toute nouvelle pour lui.

Lettre de M. Le Brun Tossa.

Paris, 12 août 1810.

« Mon cher ami, les fondemens de l'édifice sont so-
lides, et les *deux Gendres* auront le prix décennal au
second concours.

« Quelques crudités dans le style, quelques contrastes
trop brusques, et qu'il seroit superflu que je vous indi-
quasse, attendu que vous ne manquerez pas d'indica-
teurs, voilà les défauts que la tourbe a remarqués hier.

« *Vous avez fait* un parent du protégé éconduit, je ne
l'improuve pas ; mais il y a, je crois, à modifier le refus.
Ce n'est pas tout-à-fait de cette manière que des ambi-
tieux, des gens qui caressent l'opinion publique, écon-
duisent ceux que le sang ou l'alliance rapproche d'eux.
Je ne développe pas mon idée ; si elle est bonne, vous
la saisirez bien.

« Je suis mécontent de la scène où les valets insolens
viennent s'excuser auprès de Comtois. En la pressen-
tant, tout le monde espéroit qu'elle seroit très-comique :
elle est vide, ou du moins trop écourtée. Regardez-y.

« Puisque le membre du comité de bienfaisance est un
avare, pourquoi ne pas motiver principalement sa res-
titution sur l'espoir d'obtenir exclusivement, par ce pro-
cédé, le reste imposant de la fortune qu'on suppose au
beau-père ? la vengeance ne peut être une raison suffi-
sante. C'est ici que vous devez regarder de vos deux

yeux. Je vous le répète, les corrections me paroissent et sont, en effet, très-faciles; mais, sans elles, point de prix décennal. On dira avec raison que, soit précipitation, soit autre cause, vous n'avez pas fait tout ce qu'il falloit et tout ce que vous pouviez.

« J'irai vous voir quand je le pourrai; mais si, en attendant, vous pouvez disposer d'un billet pour un de nos chefs de bureau, qui est mon ami, et pour sa femme, je vous en remercierai.

« Vous m'avez également offert des billets de *Cendrillon*. Pourriez-vous m'en envoyer un de galerie ou de secondes loges, ne fût-il même que de troisièmes? C'est une vieille dame et sa fille qui m'ont arraché la promesse de vous en demander un.

« Evohé! évohé! toutes les *Cendrillons* passées, présentes et futures ne valent pas la moitié d'un acte des *deux Gendres*.

« Félicitations, et amitié constante.

« LE BRUN TOSSA. »

Comparez le ton de cette lettre avec les faits allégués dans les *révélations*. Si l'on dit vrai dans les *révélations*, a-t-on dû écrire cette lettre? Quand on a écrit cette lettre, a-t-on pu faire de telles *révélations*? Eh quoi! c'est avec cette douceur, cette complaisance, cette constante approbation, cette offre d'écrire ce que l'on voudra, ces protestations d'amitié, de dévouement, que le faiseur de révélations écrit toujours, même jusqu'à la fin de l'année 1811, à un ami perfide, lâche, déloyal, qui a eu tant de torts envers lui! Certes, M. Le Brun Tossa est un bien bon homme! Quoi! dans le milieu de décembre 1811, M. Etienne est le *très-cher ami*, on lui jure un *entier dévouement*, on approuve tout ce qu'il a fait, on le remercie de ses *communications;* ses ennemis sont des corbeaux, des oies et des grenouilles; et dès le commencement de janvier 1812 le *très-cher ami* est déloyal, il a falsifié une lettre, n'a point fait de *communications*, et M. Le Brun Tossa le quitte brusquement pour se mêler aux oies, aux grenouilles et aux corbeaux : que dis-je? Il veut le déshonorer pour des faits antérieurs aux protestations d'amitié, de dévouement, et à l'approbation donnée à sa conduite!

Je commence à m'apercevoir que j'ai été présomptueux en annonçant la fin de ce procès. Si l'on peut rester honnête homme, si l'on mérite quelque confiance, en démentant dans une brochure ce que l'on a écrit dans cinq lettres différentes et dans des temps différens, ce procès ne doit jamais finir; mais, certes, je n'y plaiderai plus.

Le faiseur de révélations annonce qu'il va faire connoître les lettres de M. Etienne; s'il veut l'effrayer, il n'y réussit que trop. C'est comme s'il lui disoit : Je prouverai que vous avez été mon ami. M. Le Brun Tossa sait bien que ce n'est pas là une petite menace.

C'est sans doute son imperturbable loyauté qui lui donne le droit de parler de M. Etienne avec ce ton de supériorité qui sied si bien à la vertu. Il se compare fièrement à un maître qui donne un certificat à un *valet*. Rien ne m'a plus étonné que cette expression. Dans un ouvrage de M. Le Brun Tossa je trouve des idées plus libérales, plus de penchant à l'égalité, et le noble espoir de faire cesser toute distinction entre les valets et les maîtres; mais j'aurai la méchanceté de ne point déposer cette comédie avec ses lettres : je ne suis pas assez content de lui pour lui donner cette satisfaction.

Je lui sais gré, néanmoins, de la leçon qu'il donne à M. Etienne, en le nommant sans cesse *le jeune homme*. Jamais il n'a rien dit de plus vrai; et, dans une circonstance moins odieuse, je me permettrois aussi de rire du *jeune homme*, qui a si mal connu les hommes, qui s'est fié aux protestations, à la franchise, à la loyauté, à la conscience, au cœur de M. Le Brun Tossa. C'est bien un *jeune homme*, celui qui n'a pas cru possible que le *très-cher ami* du mois de décembre devînt un calomniateur au mois de janvier. C'est encore un *jeune homme*, celui qui, enivré, et peut-être un peu enflé (comme on le dit), d'un si brillant succès et d'une fortune littéraire aussi rapide, est resté dans une sécurité parfaite au milieu des trames que l'on ourdissoit de tous côtés pour l'y envelopper avec sa gloire. Oh! c'est bien un *jeune homme*, celui qui, apprenant qu'on avoit déterré un manuscrit, n'a pas couru à la bibliothèque pour le comparer avec celui qu'il possédoit. Il auroit vu que les deux pièces se ressembloient beaucoup, quoique le titre soit différent ; quoique les noms des personnages ne soient pas les mêmes; quoique l'une soit d'un homme de Bordeaux, et l'autre d'un jésuite de Rennes; quoique l'une porte le nom de *Conaxa*, qui ne se trouve pas dans la seconde; quoique l'une contienne des gravelures, et que l'autre soit assez chaste ponr être jouée dans un collège. Il auroit su qu'il ne suffit point de n'avoir pas menti, mais qu'il faut encore n'avoir pas l'air de mentir. C'est là que M. Etienne s'est véritablement conduit en jeune homme.

Pourquoi donc ne lui a-t-on pas reproché ce tort bien réel? c'est qu'il pouvoit s'excuser : on vouloit lui en trouver d'inexcusables, et l'on eut recours à la calomnie. De son côté, M. Etienne entend dire qu'il a pillé deux, trois, quatre cents vers; il savoit bien que cela étoit faux; on parle d'un manuscrit de la bibliothèque impériale, il savoit bien qu'il ne l'avoit pas vu; on cite une comédie intitulée *Conaxa*, il n'avoit jamais entendu ni lu ce nom bizarre; on parle d'un jésuite, de Rennes, d'une pièce de collège, tout cela éloignoit l'idée de ressemblance avec le manuscrit de M. Le Brun Tossa. Quel est celui de mes lecteurs, je le demande, qui, dans une pareille circonstance, se seroit douté de l'analogie entre deux objets qui se présentent sous des apparences si contraires? N'auroit-il pas cru que le fameux *Conaxa* que l'on disoit un chef-d'œuvre, et qui, par cela même, devoit être bien différent du *manuscrit,* étoit comme *les Fils ingrats* de Piron, une toute autre comédie traitée sur le même sujet. D'ailleurs, après tant d'avanies, tant d'outrages, tant d'infamies, un mouvement d'indignation, d'orgueil irrité n'est-il pas un peu pardonnable? Doit-on tant de déférence à des gens qui se conduisent d'une manière si honteuse? Au fait; en quoi son honneur est-il compromis? A-t-il connu le manuscrit de *Conaxa*? Non. A-t-il dû le nier? Oui. A-t-il soutenu qu'il eût inventé le sujet? Non. A-t-il pu faire, comme Piron et tant d'autres, une nouvelle comédie sur un fonds ancien? Oui. A-t-il fait parler M. Le Brun Tossa sans y être autorisé par lui? Non. M. Le Brun Tossa est-il bien un calomniateur? Oui. Maintenant, si le procès n'est pas fini, je dois avouer que je n'ai aucune idée ni de la logique, ni de la justice.

Et vous, gens d'esprit, hommes d'un talent distingué, hâtez-vous de prendre la plume, travaillez nuit et jour, négligez votre santé, vos affaires; on vous demande une bonne comédie, une comédie de mœurs; on vous crie de toutes parts d'abandonner les Marivaux, les Dorat, et d'entrer dans la route qu'a tracée Molière. Une noble ambition s'empare de vous; votre ouvrage paroît, le public l'applaudit; et aussitôt l'envie, la haine, la rage, se déchaînent contre la pièce et contre l'auteur. Voilà sans doute un bel encouragement! Pour avoir fourni sur cette affaire une simple anecdote, l'auteur des *Etourdis* est insulté dans un libelle : il suffit donc d'avoir fait une bonne comédie pour recevoir un outrage.

C'est pour cette troisième partie surtout que je réclame l'indulgence du lecteur; une pareille discussion n'est guère compatible avec l'élégance. J'ai le droit d'exiger au moins que mes fautes ne nuisent point à la cause de M. Etienne. Si l'on veut considérer ensuite que l'honneur même m'imposoit l'obligation de me presser; si l'on pense à tout ce qu'il m'a fallu lire, comparer, écrire en moins de huit jours, j'espère que l'on sera peu sévère sur les fautes de style; je désire, au contraire, qu'on le soit beaucoup sur ce qui tient à la raison et à la justice.

HOFFMAN.

Post-scriptum. On me demande pourquoi M. Etienne ne s'est pas chargé lui-même de sa défense. On ignore sans doute que, dans le moment où ses ennemis l'accabloient de tant d'outrages, il a eu le malheur de perdre une mère chérie qui étoit venue dans la capitale pour jouir des succès de son fils, et qui n'a emporté dans la tombe que le sentiment de ses chagrins.

Tous les amis de M. Etienne lui ont offert le secours de leur plume : il m'a fait l'honneur de me désigner. S'il a consulté le zèle, il a bien choisi. S'il a cru trouver en moi le talent nécessaire, je crains qu'on ne lui reproche encore de s'être conduit en jeune homme.

FIN.

Extrait du Catalogue des Livres qui se trouvent chez MARTINET, *Libraire, rue du Coq, n° 15.*

L'opinion du Parterre, ou Revue des Théâtres de la Capitale, 1 vol. in-18, 8ᵉ année 1811, 2 fr. Les années précédentes se vendent chacune 2 fr.; la 1ʳᵉ année se vend 4 fr.

Etrennes de Thalie, ou Précis historique sur les Acteurs et Actrices célèbres des trois grands théâtres de la Capitale; suivi d'un Choix d'Anecdotes dramatiques, et d'un Traité de Déclamation, avec soixante Portraits, 2 vol. in-18, 5 fr., et 6 fr. fig. color.

Le Conservateur de la Vue, par M. Chevalier, ingénieur opticien, 1 vol. in 8°, orné de Planches, 5 fr.

Calembourgs et Jeux de Mots des Hommes Illustres, anciens et modernes, précédés d'un Eloge historique, par Auguste Couvret, 2 vol. in-12, 3 fr.

Méthode simple et facile, par demandes et par réponses, pour apprendre rapidement et sans confusion la Musique, suivie des Principes du Violon, etc., 1 vol. in-12, 1 fr. 50 c.

Lettres sur les Dangers de l'Onanisme, et Conseils relatifs au Traitement des Maladies qui en résultent, etc., par Doussin-Dubreuil, 1 vol. in-18, 1 fr. 50 c.

Des Affections scrophuleuses, vulgairement connues sous le nom d'Ecrouelles ou Humeurs-Froides, etc., par Bodard, 1 vol. in-18, 1 fr. 50 c.

Moyens infaillibles de conserver sa Vue en bon état jusqu'à une extrême vieillesse, et de la rétablir et la fortifier lorsqu'elle s'est affaiblie, etc., trad. de l'Allemand, de G.-J. Beer, troisième édition, revue et corrigée, 1 vol. in-8°, 2 fr

Le Maître d'Eloquence française, où les Chefs-d'œuvre des Auteurs sacrés et profanes sont appliqués aux préceptes, et appuyés de Réflexions, etc., par Collin, 1 vol. in-12, 3 fr.

Le Nouveau Mémorial à l'usage des deux sexes, renfermant des notions sur l'Histoire et les Coutumes Romaines; un Abrégé de la vie des plus illustres Romains jusqu'à Tibère, etc. etc., par Collin, 1 vol. in-12, 2 fr. 50 c.

Chansons et Poésies diverses, de Moreau, convive du Caveau Moderne, 1 vol. in-18, 2 fr.

Manuel d'Instructions Morales, ou Principes choisis, en prose et en vers; des Connaissances propres à orner l'Esprit, et de tout ce qui peut concourir à donner le goût des vertus qui embellissent la vie et font le bonheur des deux sexes, etc., par M. P. Fluguer, 2 vol. in-12, fig., 6 fr.

Barême du Négociant, ou Nouveaux comptes faits en francs, depuis un centime jusqu'à un million, suivis: 1° de la Réduction des monnaies d'or et d'argent, conformément au décret du 12 septembre 1810; 2° de la Comparaison des livres tournois avec les francs, et des francs avec les livres tournois, détaillée unité par unité jusqu'à 1000 francs, centaine par centaine jusqu'à 2000 francs, cinq cents par cinq cents jusqu'à 10,000 francs, et mille par mille jusqu'à 50,000 francs; 3° des Tableaux comparatifs de l'aune et fractions de l'aune avec le mètre, et du mètre et fractions du mètre avec l'aune; 4° de la Conversion de la lieue en kilomètre, et du kilomètre en lieue; 5° de la Conversion de la pinte en litre, et du litre en pinte; 6° de la Réduction des livres, onces, gros, grains, poids de marc, en kilogrammes, et des kilogrammes, hectogrammes, décagrammes, grammes, décigrammes, centigrammes et milligrammes en livres, poids de marc, etc., etc., par P. J. Charrin (de Lyon), teneur de livres, membre-correspondant de l'académie de Niort, un vol. in-8°, très-bien imprimé. Prix: 3 fr. et 4 fr. par la poste.

Le Parfait Cuisinier, ou le Bréviaire des Gourmands, contenant les Recettes les plus nouvelles dans l'art de la cuisine, seconde édition, par Raimbault, 1 vol. in-12, 2 fr. 50. c.

Antiquités d'Herculanum, gravées par Th. Piroli, avec une Explication par S.-Ph. Chaudé, et publiées par F. P. Piranesi frères, 6 vol. in-4°, fig., 156 fr.

Le même Libraire publie des Collections, des Costumes d'Acteurs de tous les théâtres,

d'uniforme de toute arme des troupes françaises,

de troupes étrangères,

et la Collection des Caricatures parisiennes.

Editeur et propriétaire de presque toutes les Pièces de M. Picard, et de beaucoup d'autres personnes, on trouve chez lui un assortiment considérable de Pièces anciennes et modernes.